바끄네와 사우나

바끄녜와 사우나

이경란 제6시집

신아출판사

목차

제1부 바끄네

제2부 만남 그리고 이별

제3부 온 라이프

제4부 신년 판타지

제5부 스모크 사우나

저자 후기

1부

바끄녜

바끄녜*

하필, 그 사람이람!
무언가 말할 듯, 참는 듯, 수줍은 듯하며
입술 주위를 움직이는 그 표정
내게도 있단 말이지...?

부끄러운 것도 아니고
수줍은 것도 아니다.
내게 꼼짝말라는 표시다.
내가 더 높고 힘 있는데
어디서 몸을 안 낮추고
어디서 기가 안 죽느냐는 뜻이다.

하필 내가 바끄녜가 되다니..

그녀가 되어보니 알겠다.
내 죄를 알겠다.
돌아가신 황금찬 시인은
그분의 시에서
그렇지 않아도 괴로운 세상이니
말로, 시로
사람을 괴롭게 말라 하셨다.

그렇지 않아도 억압받고,
못 사는 백성들인데
마음으로도
표정으로도 괴롭게 말자.

하필 내가 바끄네 그녀라니...
하필 그녀라니...

그녀의 가면을 깨부수고
처음의 얼굴로 되돌아가

긍휼의 가슴으로**
세상에 나아가자.

* 박근혜
**불쌍히 여기는 마음, 연민, 어미가 자식을 안고 젖을 먹이는 심정 (저자 註)

화내지 않는 금요일

오늘 자꾸 화가 나려고 그래!
그러나,
화내지 않기로 해.

저녁거리를 사서 마트에서 집으로 오는 길
가랑비에 흠뻑 젖었어도 말이야.

정성을 다해 끓여놓은
보글보글 찌개의 더운 김 앞에서
동생이,
짜증을 내어도 말이야.

오늘따라 해가 일찍 지고
어머니의 귀가시간이
멀게,
느껴져도

마을의
젊은, 그와 늙은, 그가
번갈아 가며 한 번씩!
갖은 성질 다 쏟으며~
고함을 지르던

그 후유증이 밀려와도 말이야.
말이야...

오늘은 화내지 않는 금요일이 되기로 해.

왜냐하면 신께서 어떤 예쁜 아이를,
정말 예쁜 아이를
길에서 만나게 해주셨으니까!

검정 블레이져*를 입고
조금 긴 커트머리에
아이보리ivory색 농구화를 신은,

은행에서 금방
예금을 하고 나오는 듯한
행복에 겨워하는 예쁜 아이를,
그 예쁜 아이를
신께서 만나게 해 주셨으니까...,
말이야.

내 좋은 날 생각나게 해 주었으니까,
금요일은

그냥
웃으며
잠드는
날이 되기로
해.

*깃이 달린 정장 상의, blazer

한 끗 차이

이건가 저건가 할 땐 하지 마.
그 차이가 큰 차이
살까 말까 할 땐 사.*
그 차이가 큰 차이
그 옷 입을까 말까 할 땐 입지 마.
권사님들 옷이잖아~
그 차이가 큰 차이
밖에 나갈까 말까 할 땐 나가.
기분 좋고 상쾌해지잖아
그 차이가 큰 차이
소명 감당할까 말까 할 땐 해.
알 수 없는 신기한 일들이 벌어지잖아
그 차이가 큰 차이

*이영희, 생활시집 〈일흔이에요〉 p.111에서 패러디

백년의 사람

이름을 남기는 것보다,
실망감으로 고꾸라질줄 알면서도
인맥을 의지하는 것보다,
가진 재화와 재물을 믿는 것보다
더 오래 사는 법.

다 가졌고
다 의지해보았고
다 이루었어도
허탈하고 불안하고 안도감이 오지 않는다면...
그 미완성의 자리에 반드시
소금을 쳐야 한다.

무엇이 소금인가?

내가 소금이다
날 사용하거라.
맛난 빵이 되도록
음식이 썩지 않도록
늘 네 곁에 두고두고 살아라.
라며 슬며시 다가온
그 하나..가 있다.

제갈량의 비밀 주머니같은...
늘 마음 깊숙한 곳에 있지만 모르는 그 하나.

소금을 사용하지 않으므로
곁에 있는 모든 것을 언제 잃을지 몰라
아니, 당장 앞일조차도 어떻게 될지 몰라
어둠 속을 헤매며
마음은 썩고 썩은 데서
구제받지 못한 삶이 많다.

이 모든 것이 다아~,
사용하도록,
누군가가 배려한 소금을 쓰지 않은 까닭이다.
그것을 신뢰하지 않은 허전함이다.
그것에게 의탁하지 않은 두려움이다.

백년의 사람,
그 하나를 언제든지
굳게 신뢰하는
심지 견고한* 사람,
가장 오래 사는 사람.

..

비밀 주머니 속의 소금을 쓰라.
지금,
어서~!

*성경, 이사야 26장 참조

토끼와 거북

속도의 문제만이 아니다.
내용의 방향성에 있어서도 그렇다.
어떤 내용을 어느 깊이까지
끌고 갔느냐가 포함된다.

처음에 파랗고
처음에 노랬었다, 그냥
조금.
십 년이 지난 뒤
다르다는 것을 알게 됐다, 그냥
어렴풋이.

이십 년이 흐른 뒤
서로 만나지 않았다.
바이 바이도 없이……

누구는 生의 한가운데
누구는 死의 한가운데 있었다.

…

언제나, 항상,
조심하며 살 일이었다.

그녀를 다시 만났을 때

더 세진 걸?
아팠다는데..
더 젊어진 걸?
세월지났고
성형외과 가지도 않았다는데..
더 용기있어진 걸?
고생했다는데..
노랫소리는 명랑해지고
음계는 더 노련해진 걸?
살 많이 빠져뵈는데..

음~,
수명연장의 비명이
찢어져 나올 것만 같군!

응급환자 이송 중

응급환자 이송 중! 길을 비켜주시기 바랍니다,
웽~

응급환자
이송 중! 길을
비켜주시기 바랍니다.
웨엥~

요란한 사이렌의 메아리는
겨우겨우
구급차를 운전하여
사거리를 빠져나가게 했다.

대학병원을 불과
3, 4분 남겨둔
기우뚱 기우뚱 흔들거리는
그 작은 공간 안의
그의 목숨은
사라질 듯 회복될 듯
얼마나 위태하기만 한가!

…

오늘
첨단의 장비와
생명존중*의 사고가 충만하다는
이 길
이 걸음 위에서,

신神의 주도면밀한 사랑과
초월적 도움이
우주에 가득하다고..
쉬지 않고 말하는 이 땅
이 사람들의
뜨거운 눈빛 속에서

그대는,
그리고
나는,

살아있는가?

진정,
살고... 있는가...?

…

우리네 삶 안쪽 자리에까지
과연
그런 걸음은,
의식되고 있는가?

과연
그런 눈빛들이,
존재는 하고 있는가?

*모교인 전북대학교 부속병원의 운영 및 치료이념을 빌려 쓰다

천직

술 드시죠?
이런 병세는 술과 연관이 있다는 보고가 있어요.

술 드시면서 그래요?
문인文人이신데, 설마…
안 드실 리가…!

알콜 좋아하시면, 이 서류 작성하세요.
…,네!? 아니예요. 하하하~

가는 곳마다 오해를 받는다
심지어,
도시를 불태우고 정신착란증에 빠져
시를 읊던, 로마의 악마
네로 황제에 견주기까지 한다.
시를 모르고 좋아하지 않는다는 이유로
시인인 나를 악마로 몰아가며, 애써
연설하는 이도 있었다.

다, 오해다
내 잘못이 있다면,
가지 말아야 할 곳에 간
그들의 영역을 침범한! 그 탓이려니..

그래도 시가 좋고
내 자신이 좋게 생각되고 하는 걸 보니
(특별히 그들이 밉지도 않고..)
시인이 천직이긴 하나보다.

나,
자~유~로~운~ 영혼~!

비 콰이엇Be Quiet!

아침부터 큰 소리
수다떠는 큰 소리

하루를 잘 살게 해달라는
아침기도의 효용도
무용지물이 된 듯..

요란하다 시끄럽다
견디기 힘들다.

점심먹고 아낙들
이번엔
수다에,
화려한 웃음소리까지

봄 공기가 쨍그랑 찢어질 듯..
짜증나려 한다

저녁 챙기기 전
앞 건물, 원룸 두 채 감시하는
이제 막 설치한 cctv 그 눈
우리집 마당을 비추는 듯 하였다.

"하필, 우리집 쪽을 비춰요.
자유없게~"
"쉿, 어제 저쪽 원룸에
경찰들 다녀갔어."

.

.

.

나의 건강과 행복과
안전만을 애태우던
내 안의 이기적인 수런댐들이여!

이젠
비 콰이엇!

...

사실을 은폐하고
겉치장하는
원룸 주인들의 이기적
위선적 수다들이여!

노을이 어둠 속으로 사라져가는 초저녁!
너희들도
이젠,
비 콰이엇!

해브 오어 낫Have, or not?*

너는 해브이니, 날카로운
해브 낫의 낫질 좀 받으샴~

그 정도 용기이면
이미
낫not은 아니다.

우리는 하나 더 있어서
하나 더 없는 자를 무시해 보기도 하고
하나 더 없어서
하나 더 있는 자를 꺼려해 보기도 하며
어른이 된 지금도
달려나가고 있다.

잘 먹고 잘 사는 직접적인
방법이 아닌
하나님의 말씀책을 전달했다는
그럼직한 탓 하나로

내 앞 횡단보도 앞에서 신호를
기다리며
등 뒤의 내게

자꾸만 저주의 화살을 돌려대는
아니, 자꾸 저주의 몸을 떨어내는
다 큰 딸아이를 둔
혼자가 된 여제자 아이를 본 적 있다.

그 아이의 딸아이가
춤으로 아프리카를 방문하게 되는 영예를
안았을 때
그녀의 저주는
내게 다소곳함으로
변하여 다가왔다.

야고보는 우리가
낮아질 때 높아질 것을 바라보고
높아질 때 낮아질 것을 바라봄으로
마음과 삶의 균형을 잡기를
권고하고 있다.**

부富란 참으로 그런 것이다.
명예란 참으로 그런 것이다.

새옹지마塞翁之馬가 얘기하듯

인생은 그 처한 높은 현실 탓에
뜻하지 않은 어려움이 있기도 할 터,
그 처한 낮은 현실 탓에
뜻하지 않은 행복의 오솔길을 만나기도 할 터...

나는 나의 여제자 아이와 그의 딸이
그들의 영예로 교만할까,
두려워 한 동안 운 적 있다.

나는 그들이 그럴 수 없을 것을
깨달은 후
안도의 한숨을 쉰 적 있다.

*사회학 이론으로 가진 자와 못 가진 자의 논리를 대변하는 용어,
헤밍웨이의 소설 제목이기도 함.
**신약 성경, 야고보서 1장에서

제2부

만남
그리고 이별

기도 2

그대의 눈물을 받으시기를.
그대의 소원을 들으시기를.

주님만이 그대의
전부가 되시며
모든 것이 되시며
유일한 만족 되시기를.

그대를 둘러싼 세상이
다 무너진다 해도
그대의 찬송소리
귀 기울여 주시기를.
그대 눈물 변하여
시가 되고 노래가 되고 춤이 되게 하시기를.

어느 곳을 가든
무엇하든
사랑하게 하시기를.
또
사랑받게 되기를…

창샹쓰長想思*

두 달을 문을 닫고 쉬길래
근심했다.
혹시 고향엘 갔나 했는데, 가을바람 불어오자
다시 돌아와 식당을 청소한다

속으로 안도했다
시댁이 있는 중국 본토에 갔었단다.

중국 사람을 어느 정도 싫어했던 것도 사실이지만
중국 토종음식 팔면서, 중국 유행가 틀어놓고
조심히 따라 부르던 것이며,
젊은 부부가 허리를 맞잡고 흥겹게
쫑알쫑알대면서 걷던 걸음이
귀여워서인지, 여유 가득해서인지
때 묻지 않은
중국인다운 데가 있어서 좋다고 안심했던 이들이다.
물론 말이 안 되긴 하지만 말이다.

그 식당에서 교회식구들과 같이 마라탕을 사먹던 일
속이 뒤집힐 것 같은 느끼한 중국 만두를 먹던 일
떠오른다.

그 일을 핑계 삼아

다시 또 가고 싶다.
싫었던 친구의 집을 마음 돌려 찾듯이
그렇게 변덕스럽고도 천연덕스럽게...

입맛 잃은 가을초입,
두텁고 느끼한 중국만두를
신맛 나는 간장에 찍으러
창썅쓰로..

*이백의 시 제목. 타향에서 고향을 오랫동안 그리워하며 생각한다는 뜻이라 한다

이제는 그만

잊지 않으려 하고
잊혀지지 않으려고 애쓴다.
보통은 그렇다.

격정적인 사랑도
애증이 범벅된
더운 날, 뇌를 강타하던 예리한 팥빙수 한 사발도
어떤 땐, 잊자!
이제는 그만...

순수한 진실과
순결한 자비를 위하여.

3 세대를 살았던 노인도
안틸로쿠스를 위해
일 년 내내 통곡하진 않았다고
호라티우스는 노래했다.*

사울왕의 타락으로, 눈물로 세월을 보내는
사무엘 선지자에게 하나님은
그만하라고 하셨다.

이제는 그만!!!

완벽한 사랑, 완벽한 자비를 위한
대시인大詩人의,
그리고 하나님의
경고의 메시지!

일이 끝났다면 잊자.
사랑했다, 미워했다
혼자 속 뜨거워하며
계속 기억하며 힘을 쏟을 필요가 무언가?

모두 다 잊고
새롭게 주어진 길을 충실히 걷는 동안
삶은, 어느덧 찾아와
잘 익은 그의 열매들을 내놓을 것이다.
'최복현'의 말처럼
미래의 그리움을 위해
오늘의 불완전한 한 구석을 남겨놓는
여유**도 좋을 것이다.

…

내 손을 내려놓고 잊는다는 것은
전능한 신의 손길을 기다린다는 것

…,그것을 믿는다는 것.

*호라티우스의 시집, 카르페디엠 중에서 ('카르페 디엠'은 현재를 즐겨라, 라는 뜻)
**최복현의 산문집 제목

친구 2

여기에서 끝나면 어쩌나!
여기까지이면 어쩌나! 했지요.

열정이 다한 사랑,
이성만 남은 사랑…

누군가가 열정의 얼룩말을 타고 내 앞으로 다가왔지요
한 쪽 눈의 상태가 좀 좋지 못한 나는
그만, 다른 한 쪽 눈으로
'한 눈에' 반해버렸지요.

우정도 이성만 갖곤 불완전하지요.
사랑도 열정만 갖곤 불안하지요.

삶에서,
이성과 열정 그 어느 쪽을 무시하면
삶은 깨어진다고
영혼의 시인 칼릴 지브란은 노래했지요.

아아! 나는
열정의 화로가
이성의 얼음덩이 위에 쏟아지기를

눈을 지그시 감고 기도했답니다.

마음 속으론 오직
한 사람 뿐이면서

열정의 불이
이성의 차가움을 적당히
불살라버릴 거라 믿으며
속으로
조용히
웃었답니다.

G선상의 아리아*

육체적 사랑의 '권'이
정신적 사랑의 '지'로부터
그녀를 앗는다.
'권'의 형수는 그녀가 불쌍하다며
먹이고 재우겠다 한다.
합방을 하고 임신을 한다.
아이를 낳는다.

물론 그녀는 시달린다.
몸이 시달린다.
마음도 시달린다.
정신은 '지'를 떠나 피폐해진지 오래…,
'권'은 늘 그랬다.
몸부터였고, 몸으로 끝났다.
원치 않는 사랑에 그녀의 삶은 흔들리기만 했다.

'지'는 날카로운 손목으로
권에게서 그녀를 앗는다. 두 아이도 앗는다.
'보라고, 사랑은 그런 게 아니라고!'
그녀를 처음 만났던 음악대학 교수시절부터 '지'는
어린 두 남자 아이를 둔 이혼 남.

“나도 혼자가 아니었듯이, 당신이 혼자가 아닌 것을
난 용서할 수 있어. 잘 보라고...”
‘지’는 그녀의 난자와 자신의 정자를 힘을 다해 결합하여
마법처럼 그녀의 뱃속에 넣는다.
철저한 정신적 사랑을 보여주는 처사였다.

착상은 성공했고, 그녀는 ‘지’의 아이를 낳는다..
G교수와 그녀가 빛난 얼굴을 마주 대하며
바하의 G선상의 아리아를 듣고 있다.

*바하의 G선상의 아리아를 감상하며 떠오른 발상을 시로 남겨보다

못다 핀 꽃 한 송이 피우리라*

제라늄이 죽었다.

줄기가 너무 퍼진 채 자라 오무려 주느라
끈으로 묶었는데
며칠 지나지 않아 말라버렸다.

생각해보면 사인死因은 그것이다.
두 번째 사인은
어머니께서 과학적 부검?!을 통해 발견하신대로
뿌리가 다 안 내렸다는 것.

그런데 이상한 일이다.
제라늄은 죽기 전에 엄청
환하고 탐스런 빨간 꽃을 상당히 오랫동안
피우고 있었기 때문이다.

무슨 이유도 없이
그가 꽃이기에, 뿌리도
다 안 내린 몸에서, 다만
그런 이유로
피울음을 울고 나서 쓰러져버렸다는 것이다.

날 좀 보라고 날 좀 보라고
그렇게 내게 힘을 주고
화려하게 쓰러진 것이다.
가엾다기보다
그가 꽃이기에
꽃으로서 힘을 다해 산 사실 앞에
그저 놀랄 뿐이었다.

*1980년대 한국에서 유행하던, 가수 김수철이 부른 유행가 제목

하나, 늘었네

예전엔
술 마시는 사람
담배 피우는 사람
음탕한 사람
더럽고 미워서
얼굴 마주치기도 싫었는데,

그를 만난 뒤
하나, 늘었네.
그녀를 만난 뒤
하나 더, 늘었네.

측은한 마음 하나
,더 늘었네!

웃음의 내구성
–이재무의 시 '웃음의 배후'를 읽고 나서

언제나 남을 웃겨야 한다는
슬프고도 가녀린 중압감에 휘감겨 살던
시절이 있었다.

그것은 변하여
따뜻한 정의감이 되었지만, 당신도 예상했듯이
결국은
도달할 수 없는,
의義로움에서 뚝 떨어진,
비천한
찡그림의 세월을 걸어가게 했다.
…

남들은 우울이
웃음의 적敵이려니 하지만, 내 생각엔 이것이야말로
웃음의 내구성을 강화하는
내면적 겨울의 보이지 않는 패치카다.
가라앉은 웃음이
강하고 끊임없는 탄력을
주기적으로 받는 때다.

웃음이 진정 웃음 대접을 받고
참다운 기쁨으로 가는 열차에 나도 탑승한다.

말하자면 내면의 견고한, 사라지지 않는 웃음으로 인해
행복, 그런 얘기를 해도 될 자격을
부여받는다는 얘기다.

슬픔의 시간을 지나가고 있는가?
웃음이 사라졌다고 생각하는가?

사실 웃음은 사라지지 않았다.
내구성이 강화되고 있을 따름이다.

결코 가볍지 않은
행복이니 행복감이니 하는 말들을 떠올리도록
당신도 준비되고 있을 따름인 것이다.

찬 물에도 잘 녹는 스파크

외롭다고 말하는 것은
자신을 부정하는 것,
존재를 아예 인정하지 않는 것이다.
또,
외로움에서 벗어나려는 것은
따뜻한 물에서만 잘 풀리는
세제가 되려는 것.
한편
감각을 억누르는* 묵직한 돌을 들어내고
내가 내 자신이 되려할 때
지나친 이성이 뒤틀린 몸짓을 하는 것이
불안 아닌가?

이미 나는
나와 함께 살고 있다.
외롭다면 반성하고
불안해지면 반가워하자
나는 나의 손을 내밀어
내 안의 또 다른 나에게
화해의 악수를 건네자.**

내 안의 선한 것들과 마주하자.

그에게 따뜻한 눈길을 보내자.

찬 물에도 잘 풀리는 스파크가 되렴...

예술가라면
문학살이라면
사람이라면 더욱 더...

*권택영,〈생각의 속임수〉 중에서
**윤동주, 쉽게 씌여진 시의 일부

남과 여*

동성同姓이라 이끌리는 것이었겠지...
귀엽다는 듯이, 슬쩍
마른 손목을 잡아보는 그.

이해는 합니다만,
저, 이런 거 싫어합니다.

'우리는 동성同姓 아닌가요?'
.
.
.
허리와 왼쪽 어깨에
부황뜨고
오른쪽 손목에 뜸 놓고

당연히 가슴은
날아라 원더우먼 X자 형태로
양팔 모아 가리지..
오른쪽으로 몸 길게 누워.

맨살 등 너머로
그의 뜸이 날아와 안착한다.

"좀 뜨거울 거에요."

.

.

.

날아오는 방향이.. 싫다

…

,생각하는 사이
라면같이 뜨겁고
매운 여름은
다시 왔다.

…

갓난 사내 아이같은 그를,
조심 조심히
그물 요람에 담아,
가만가만 흔들어 주어야겠다.

우리네들의
자장가를

또 다시 살살
읊어 부르며...

*프랑스 영화, 남과 여의 제목에서

제3부

온 라이프

발상의 전환

어떤 시인은 인생은 굴욕이고 그 굴욕을 견뎌내는 것이라 했다 그럼 굴욕이나 모욕에 관한 이런 발상은 어떤가? '모욕 한 번 한 번 당할적마다 하늘에 상償 하나 하나 쌓이는 것이라고...'* 내가 느끼는 치욕 하나 하나가 쌓여 받을 상이 풍성해진다고 생각하는 것은 우리 마음의 통증을 상당히 감소시켜 준다 (물론 편하게 해주는 것 같지는 않다 도리어 온전한 모욕을 당하게 하고 온전한 견딤의 길을 가게 한다)

금화가 쌓인다고 생각하면 "에이, 그런 일이 어디 있느냐?"며 믿지 않게 되지만... '금화가 꼭 눈에 보이는 금화이기만 한가?'...... 일단, 그렇게 생각해서라도 마음의 복을 받게 된다면 누구의 말처럼 손해볼 것 없잖은가?

좀, 주님을 위하는 삶이 아니었더라도...

*성경, 마태복음 5장 11, 12절에서

온 라이프on life

좀 거칠다
맘 불편하다
걸핏하면! 불안하다

이것은 젊음.
젊은 것이다
젊음의 한 가운데 있다는 뜻이다

생애의 붉은 등이 켜져 있다
온 에어 on air.

그것은 온 라이프 on life!
인생살이 한 가운데에 있다.

쉿! 엎드려

1
낮은 문턱을
통과하는 방법은
엎드려 피하는 것이다.

…
거기에 있는
문턱이 무식하지,
내가 무식하냐!

2
불독의 위험을 피하는
방법은,
그의 위엄을
인정하고 받아들이는 것이다.
그의 위용을 받아들이는 것이다.

…
빨리 고개 숙이는 것이다.

쉿! 엎드려…

이 순간이 한 순간에 지나가는 법은
오직 이것!

…
위험한 개가 잘못이지,
속으론 위엄을 잃지 않은 채
고개만 숙인
내가 잘못이냐?

모욕죄 타령

OO충, O저씨, OO혐, O할 것 같다 등등

아무 뜻 없이 말하거나
자판 두드려 써도
2백만 원 이하 벌금..., 징역,
빨간 줄은 기본.

사기 공갈성 대자보 및 소자보의 꼼수에 걸려
말하게 돼도 역시, 물론.

지금까지 억울하게 당한 사람
속으로라도 같이
맞서 싸웠다면 조심할 문제!
언제건 감추인 것 드러나지 않을 것 없으니
심보 고치지 않으면 큰 일

님이시여,
하나님이 감찰하사 나라힘 빌려!?
그 백성 버릇 고치시는?! 선한 간섭하심!!?에
걸려들지 마시오.

...

남 무시하는 재미 좀 즐긴 사람들!!
이젠 입술과 마음 속에서,
재앙을 부르는
모욕죄일랑은,
얼른얼른
지워버리시게나!

…

허~이!!!

무를 수 없어요

젊었을 적엔 무르고 싶은 것 많았지.

치마를 사도
화장품을 사도
파마를 한 날, 거울을 보면서도
다시 무르고 싶었지.

경우에 따라 어떤 것은
물러주었지만
무를 수 없는 것도 있었지.

최하연은 그의 시에서
기차 앞의 고양이를 이쪽에서 저쪽으로
옮기지 마라고 했지.

좀 털털한 것이
좀 더 완벽하지 못한 것이
좀 덜 깨끗한 것이
제 삶일 때가 있다.

미용실 원장이 자기가 해 준 머리를
절대 바꿔주지 않듯이

하늘 아버지도 그가 준 삶을
절대 물러주지 않는 때가 있다.

털털하고 완벽하지 못하고 정갈하지 못한 것을...
제대로 된 삶이라고
손사래치며 살아가라 하실 때 있다.

내가,
더 완벽하고
깔끔하고
정신 개운한 그것을

고집하고 주장할
그 때.

스마트하지 않은 폰phone

즐겨 쓰지 않는 폰이지만
먹통이 되어버리니
불편함이 이만저만이 아니다.
옷이라면 유행이 지나도 잘 두었다가
센스있게 활용하면 그만인데
옷이 아니니 전문가가 아닌 이상
재활용이 안 된다.
버리기로 하고 새 것으로 교체할 밖에...
스마트 폰의 최후 결말은 스마트하지 않은 폰,
즉, 죽음이다.

우리는 살기 위해 버둥거린다.
끝은 비록 폰처럼 늙으며,
죽음을 마주해야 할 운명이지만,
그것은 다만 육체일 뿐
영혼은 아니다.*

환란을 벗삼아
위협을 고등어 반찬삼아...,
(결코 쉬운 일 아니지만)

속사람은 날마다 스마트해지도록

있는 힘을 다해
버둥!?거려야 한다.**

*롱펠로우, 인생찬가 중에서
**신약성경, 고린도후서 4장 16-18절을 참고

손

그녀처럼 아름다운 손, 이제껏 보지 못했네!

아름다운 얼굴에
아름다운 어깨에
이래뵈도 잘 나가는 마트 사장님이신데
전화로, 큰 소리로 일하지 않고
부지런히 움직이는
아름다운 다리
아름다운 발,

그리고 거칠어 터지고
조금은 휘어진
물건을 만지는 그녀의
아름다운 손.

그녀의 손, 그 마트의 사랑이겠네!
그 손, 그 집안의 지혜이겠네!
그 아름다운 손,
우리의 자랑이겠네...

점

점?
누가 점을 친다는 거야. 난 예수 믿는데..

점집 앞을 지날 적마다 간절히 주님을 부르니
나는 통과라고 생각했지.

근데 글쎄, 눈앞에
어떤 현실이 닥치면 머릿속으로
여러 가지 계산을 해보곤
그 현실을 피해서 달아나버리니
점치는 것이 아니고 무엇이랴.

머릿속엔
계산도구가 늘 마련돼 있고
경험이라 쓴 배경이 깔린 인쇄용지가,
또 카트리지가 마련돼 있다.
나,라는 영리한 점장이가 살고 있다.

늘 섬을 지니, 마음과 정신이 클
여분의 힘이 남아있질 않는다

'고난만 닥쳐봐라. 나는 달아나리라.'

늘 주술을 외운다

그래서 달아난 적이 어디 한두 번인가.

점 치지 마라.
내가 나에게 당부한다
경험을 통해
손해라는 결론을 도출하는 것도 나고
성장과 감사라는 결론을 도출하는 것도 나다.

그러니 이젠 쓸 데 없이 점 치는 도구,
머릿속 계산기를 깨부순 채
오늘만 살기로 한다.

내일 일은 내일이 염려하게
내버려 두라고
예수께서도
우리에게
말씀하지 않으셨던가.

비타 요구vita yogu

내가 책을 써서 버는 것은
돈이 아닌 사랑.

한 주먹의 새 볼펜들과
화려하고 번쩍이는 새 셔츠와
귀여운 원피스
좋았다는 문자 두어 줄
책 읽고 울었다는 멀리서 온 전화
팬이 보내주는 사랑의 이모티콘...

그리고
그녀가 건넨 한 병,
비타 요구르트에 실린
다스한 마음의 온도.

아, 세상은 이렇게 다스하기만 한데,

얼어붙은 생각에 생채기마저 난
내 영혼의 어두운 구덩이가
마음의 CT 촬영기 찰칵 소리에
순간 모습을 드러냈다 사라져 버린다.

남편도 자녀도 모두 잃고
이젠 회색빛 머리카락으로 손 떨며
병원에 남겨졌다는 그녀가
건넨 비타 요구르트 한 병,

(마른 하늘에 번개치듯
나를 놀래켰도다!)

그녀의 비타 요구vita yogu가
생채기나 피 흘리는 차디 찬 마음을
호호 불어주며
지금도
다스하게
물들고 있다.

일이라는 놀이*

언제부턴가 성급해졌다.
조바심이 나고
욕심을 가지면 가질수록 글은 나오지 않는다.

'잘 노는 사람이 일도 잘 한다'는 말을
잊지 않고 산다
그런데 또 실수한다.
이젠 오른쪽 팔목의 인대가 상했다.

쉬지 않으니 좀 쉬라는 신의 사인sign이 온 것이다.
몸과 마음이 망가진 삶을 살기보다
손상된 인대를 조심히 보살피듯,
다급해서 손상된 마음을 보듬어
놀며-,
갈 수 밖에 없게 된 것이다.
갈 길이 멀기도 하지만,
시간까지 없는 것은 아니기에...

쫒기는 건 마음이지
시간은 아니라는 것을 기억하면서,

놀며간다.

작업을,

일을…

놀며간다,

삶을.

*박정대, '삶이라는 직업'에서 패러디함.

제4부

신년 판타지

신년 판타지

그거야.
타자의 만성 중독성 성추행에 대한 침울한
무게의 깊이가
신년 아침 가벼운 눈
땅에 닿자마자 자취 감추듯
증발되는..
그 순간의 환희!
너무 짧아 너무 강렬한
그 지나친 긍정의 비명!
뇌리에 꽂힌 듯 뇌리에서 발사된 듯
지나치게 입 찢어진 기쁨으로
꺼져가던 낮은 호흡을 끌어올리는
가볍지만 센 힘.
그런 판타지로 한 해를 밀고 나가자.
싸워야할 현실이야 곤욕困辱스럽겠지만
먼저는,
이미 다 해결된 듯
문제 거들떠보지도 말구서
환상이 준 사인sign대로
기쁨의 힘으로
평강의 밥심으로
그렇게 나아가자.

낡은 것에서 새로 시작

찬물로 냉수마찰할 수 없으니
새 해 첫 아침은 그냥 찬물로 세수만 하기.
마음 새롭게 씻고 새로 시작!
어제의 땀 냄새 그대로 갖고.

찬물로 머리감을 수 없으니
새 해 첫 아침은 가지런히 가르마 타고 그냥 머리 빗기.
마음 예쁘게 갖고 새로 시작!
일 년의 고뇌도 그대로 갖고.

새 해 첫날
모든 가게가 문을 닫고
모든 얼굴은 이불 밑에서 고요히 휴식하는 때
새로 시작!
어제 입었던 옷을 꺼내 따뜻이 입고.

낡은 것에서 새로 시작.

새벽녘 꿈에 뵌 하나님도, 천국도 으리으리하지만
낡은 내 방처럼 오래된 것이더라.

늘 보던 삶

늘 걷던 삶
그 속에 주님은 계시고
천국은 시작되느니,

어제의 슬픔, 어제의 눈물 그대로 있어도
찬 공기에 영혼 깨워 새로 시작!

낡은 것에서 새로 출발!!

새 해 첫날 첫 아침은.

보라 가디건

보라색 가디건 본다.

보라는 어떻게 보라가 됐는가
보랑 아닌 보란 아닌
보라, 얼마나 말이 예쁜가!

색깔이 그 정도 예쁘다는 소린가?

빨강 파랑 하양 검정
이들 이름 생겨난 이유는 그런대로 짐작이 가는데
처음 누가 빨간, 파란, 하얀, 검은 말들을 지었나?

최초의 한국어 사용자
최초의 언어 사용자
최초의 인간
수고 많았겠다.

맨 처음의 하나님을 생각하다
옷 갈아입으려 계단을 내려간다..

약한 자여 그대 이름은 사람이니라*

바알 선지자 4백 5십 명을 물리친 엘리야
너를 죽이겠다는 이세벨의 한 마디에
도망쳐 혼곤하여 잠을 자네.
그를 어루만지시는 하나님
교만할 틈이 없는 그 약한 인간 엘리야를
하나님은 사랑스럽게 보시네
떡과 물을 주시네

우리도 하찮은 말 한 마디에
좀 제 깜냥하는
시시한 한 사람 앞에
쉽게 무너지고 넘어질 때 있지.

약한 자여 네 이름은 교만할 수 없는
그래서 사랑스러운
사람이니라.

*세익스피어 비극 〈햄릿〉 중 주인공 햄릿의 대사 일부에서 패러디함

아이엠에프IMF 20년

이만큼 변화한 것이 얼만가
이만큼 연습?!이 쌓인 게 얼만가
경제는 아직도 흔들리지만
그 긴 흔들림 속에

정신의 풍요를 향해 가려고
마음 추슬른 것이 얼만가
물질의 풍요를 좀 뒤로
물리치게 된 것이 어딘가
누구네 아들 딸들
목숨 중요한 것, 안 것이 어딘가
우리네 맘 건강 돌보게 된 것이 어딘가

이젠 가슴시리지 않다,
겨레여!

어떤 기다림 3

어느 목사님은
죄가 죄를 찾아낼 것이다. 라고 늘 말했었지.
30년의 세월이 흐른 지금도
나는 그 의미를 다 모르네.
사람은 누군가에게 잘못함으로써가 아닌
그냥,
하나님께 범죄함 탓에
재앙을 만나는 것이다. 라는 생각을 이제야
겨우 조금 하네.
만일 재앙의 원인이 죄라면 말이지.
그러나 우리는 아무도
그런 생각을 할 겨를이 없이 살고 있다네.
그저 내게 잘못해서
벌 받은 것으로 쯤, 조금 생각할 뿐...
내가 받았으니, 나도
갚아주겠다는 정도로 쯤, 생각할 뿐...

예수님 탄생 당시
시몬이 그랬고 안나가 그랬듯이,
그들이 메시야 오기를 기다려
평생을 성전에서 봉사하다가
포대기에 싸여 오신 아기 메시야를 보고
그것을 봄으로 기뻐한 것 같이

우리도 기다리자.
약속이 성취되지 않는 듯해도
믿음을 갖고 일상에 충실하자.

기뻐하며.
메시야의 구원하실 일을 감사하며..

언젠가 예수님은
그 분의 때에

모든 옳고 그른 것을 밝히시리라.
그 때까지는 잠시 잊고 지내자.

기다림으로써만이 우리의 구원이 있다.
기다림은
우리의 구원인 것이다.

우리에겐 우리를 구원할 칼이 없다.
나에겐 나를 구원할 심판의
역할이 없다.
그 역할은 하나님이 정한,
죄를 지은 그 사람의 죄에게 있다.

만일, 정말로
죄가 죄를 찾아낸다면 말이지..

끝에서

서서히 뜨겁게 달구었다, 미움을
서서히 뜨겁게 갈았다, 분노의 칼을
서서히 뜨겁게 내리눌렀다, 심판의 큰 돌을
서서히 뜨겁게 노려보았다, 보복의 순간을...

끝에서,
그 끝에서 알게 됐다.
모든 것이 다하자,
여러 방향으로 분산된 내 자신이 다하자

희미한 사랑 하나 남게 됨을...

모든 잡다한 것을 마음껏 행하고, 후회하기 직전
마음 추슬러
'용서해야 한다'고
'사랑할 때'라고, 어렴풋이
입김소리 흘려보는 것을.

갈 때까지 다 가자
돌아올 수 밖에 없었다.
악심惡心을 다 뽑고 나자
독한 기운에 눌려있던, 사랑 하나

슬며시 고개 들었다.

이젠 그의 차례가 되었다
,끝에서

삶을 믿기로 했어요

제주에 살고
술은 약하고
나이는 어리고
미용사인 그녀가
00일보 신춘문예에 당선돼
공식 시인이 됐다.

오늘은 그런 그녀 마음 빌려다가
시 좀 적어볼까?

저는 전주에 살고
술은 안 하고
홍초를 마시고
삶을 믿기로 했어요.

안 될 일이 많은 세상에
불안하고
두려운 세상에
조금 심호흡하고 말이죠.

지금 이 순간만큼은 말이죠
아무 일 안 일어나고 있잖아요.

이 순간 저 순간이 더해지면 말이죠
그게 얼만가 해요.
아! 지금도
아무 일 안 일어나는 무사한 순간이
껑충껑충 지나가네요.

우리에게 주어진 시간은
두려움도 걱정도 아니에요.
그냥 시간이죠.

숨막히게 가슴을 조이는
근심의 조끼를 풀르고

심호흡 크게 하고
이젠,

웃으며
삶을 믿기로 해요.

모두가 같은 편이려니 해요

낮은 몸인 우리들은
더구나 같은 밥상공동체*일 때 더욱,
같이 있으면 그 이유로
떠나 다른 공동체로 갔으면
또 그런 이유로
같은 편이려니 해요.

떠났으니 못 봐 주겠다
서로 으르렁거리지 말고
떠난 자는 패배자요
남은 자는 승리자,라며 충동질하지 말고

낮은 몸인 우리들은
낮은 마음으로
모두가 같은 편이려니 해요.

얼마나 죽을 맛이면 떠났겠어요?
얼마나 힘들고 바닥신세였으면
남 죽이고, 쫓아내는 줄도 모르고
살았겠어요?

같이 한 상에서 밥 먹었으면

곁에 있든
멀리 갔든
모두가 같은 편이려니 해요.

다시 돌아가진 말고...,

그냥 마음만으로라도
같은 편이려니 해요.

하나님의 큰 나라
우주 공동체이려니 해요.

*故 이중표 목사님의 어록의 일부

나의 시의 본심

인생의 4분의 1을 나치를 피하여
도미니카에 망명하여 살고
인생의 절반을 어머니 사후에 얻은
자살충동으로 괴롭게 살았지만
시 쓰기로 극복하였던
독일 여류 시인, 힐데 도민의
장미 한 송이에 기대어를 읽었다.

그녀의 시 쓰기와 삶이, 그녀의 시들이
내게 적잖은 자극을 준다.

금융위기의 한반도를 위로한답시고,
정신적 위기와 아픔의 시간을 지나가는 이웃들을
위무한답시고
시 쓰기를 시작하고 시집을 발간한지
어느덧 10년의 세월,
나는 정신적 위기의 어려운 처지에 있는
사랑스런 그들을 위로하기 위해
한편,
그들을 억압하는 또 다른 피해자들을
마음으로 글로
어느 정도쯤은 옥죄지 않았는가...!

다른 이들을 가해한 그 댓가로,
하나님을 삿대질하고
인륜을 무시한 그 댓가로
그 부류의 사람들이 느낀 자살충동이나
내가 사랑하는 힐데 도민의 자살충동이나
똑같은 자살충동인데
굳이 그 차이를 구분하며
편애한 것은 아닌지…

도민은 96세의 나이로 이미
하나님 품에 안겼지만
그녀의 시 쓰기는 지금도 살아
내게 외친다.
둘 다 똑같이
연민의 마음으로 보고
불쌍히 대해 줄 순 없는지를……

제5부

스모크 사우나

인사

하희라가 상사에게 보고를 마치고
뒷걸음을 걸어 슬며시 문으로 나가는
공익광고의 인사예절법이 TV에 나왔다.
그 때 그 시절에..
나는 좋아보여 따라했다.
어느 의대 교수님은 나의 그런 예법을 좋아하셨다.
그러나 사실
내가 다니던 사범대에서는
그것도 우리 국어교육과 교수님들께는
그것이 좋은 것이 아니었다.
꼭 그래야 하겠느냐고들 하셨다.

실수는 그때 그것으로 끝나야 했다.

나는 사회에 나와서 아랫사람들에게
그 예법을 가르쳤다.
실수는 그때 그것으로 끝나야 했다.

30년 가까운 세월이 흐른 지금
그 예법은 역사 드라마에서나 나온다.
그 억눌림을 나는 왜 아랫사람들에게 가르쳤던가?

나는 왜 코르셋을 끌르지 못하는가?
사회가 가르쳐서인가!
한恨 많은 여인들의 압도적 시선 때문인가!

나 한 사람으로 충분한 그 예법에
나 하나로도 너무 지나친 그 인사에
나는 왜 붙잡혀 지냈던가?
나는 왜 붙잡혀 가르쳤던가?

실수는 그때 그것으로 끝나야 했다.

혼족族*들을 위하여

모두가 다 돌아간 뒤,
삶이 그 온기로 더 활기 있어질 줄 알았는데
...알았다.

혼자가 아니니 더 외롭다
여럿이었으니 그 뒷자리가 더 허무하다.

...

신이시여!
저의 꽃피우는 것을
남들이 엿보고,
돕지 않도록...
홀로
힘써 피어나도록
지켜주소서!

...

그대여,
간편하지만은 않은 이런
혼족부터

먼저 하실 의향 있으신가?

*음식 및 주거생활을 '혼자서' 해결하는 '사람들(族)'이라는 용어의 첫 글자에서 따온 21세기 한국의 신개념 언어라 한다.(MBC 이브닝 뉴스 註)

사실 1
–안심이야!

마실 물이 있고
커피가 있고
자잘한 먹을거리가 있고
가느다란 늦가을 오후 햇살 한 줌 있으니

오전에 너무 춥고
마음 혼란했는데..

그래도,
안심이야.

헤어 스타일

그대 멋진 헤어스타일
브이v자형 앞머리

남들은 아이돌idole 머리라고
교만한 목과 눈빛으로 소화하지만

그대,
마음의 젠틀함과
태도의 겸손함으로 소화하니

이 모든 것, 다아~
삶의 경륜 탓 아니겠는지요!

고양이

계단을 우아하게 내려가는 고양이
마당의 붉은 굴뚝 옆,
목재더미 위에 얹은 슬레트 지붕 위
넓적한 배를 쏟아놓고 눈 감은 채
옆으로 누워있는 그 녀석.
내가 엄마 옆에서 하듯
죽은 듯 온몸의 힘 빼고
애교짓 하는 그 녀석.
녀석의 체온이 아늑한 자리
서재 앉은뱅이 책상 앞
방석 위,
언제 날 보았다고
책 읽는 내 모양 흉내하고 달아나는
이 녀석, 들고양이!

가끔 날 만날 적마다
날 따라하는 고양이,
날 닮아가는 고양이.
이 녀석!

스모크 사우나

스웨덴 동쪽의 자그마한 숲나라, 에스토니아.
800년 간 이어져 내려오는 풍습, 사우나.
가정의 최고 연장자를 중심으로
1년 간 사우나에 사용할 나무를 준비한다는데……
통나무로 된 사우나실에 연기가 채워지고
사우나 밖으로 연기가 새어나오면
사우나실과 밖의 호수 안에 들기를 반복하며
하루 종일 사우나를 즐긴다고 한다.
이것을 스모크 사우나라 한다고… *
가족, 친구 등과 함께 하루 종일 사우나를 즐기고
사우나 안에서 음식을 나누면
전쟁을 막을 수 있을 거라
믿는 오랜 전통은
유네스코 인류무형문화유산에 등재되어 있다.**
…

111년만에 찾아온 살인적 더위는
한국의 여름을 곳곳마다
옥외 사우나실로 만들었다.

38도 100일의 나날..
…

남한의 젠틀한 지도자와
북한의 스트롱한 지도자가
평화의 악수를 나누고,
북한의 최고 지도자와
미국의 최고 지도자도
핵폐기 문제를 두고 평화의 만남을 가진
2018 여름.
한반도와 미국이 스모크 사우나를 시작한다.

반가운 듯 하나
결코 쉽지만도 않은
길고 긴 사우나를 시작한다.

...

카페마다 패션 디자이너들마다
일회용 쓰레기를 앞에 놓고 사우나를 시작한다.
너와 내가
불필요한 충돌을 하지 않으려고
미움과 분쟁을 옆에 두고
긴 긴 사우나를 시작한다.
덥고 갈증이 나며

안과 밖의
도발적 공격까지 감수해 가며 가야 하는
이 사우나.

기도를 통해,
작은 행동들을 통해
긍정의 입술을 통해
갈 수 있는 데까지 가 보고
물과 음식으로 힘과 지혜를 보충하면서
안과 밖의 잡다한 소음들을
견디고 또 견뎌보자.

이 사우나가 있었기에 힘들었다는 것이 아니라
이 사우나를 함으로써 스스로
힘과 여유를 만들어내고 있었다는 것을
모두가 깨닫게 되는 그 날,
전쟁이란 전쟁을 모두 갈아 마셔
안과 밖에 미움이란 미움은 모두 사라질
그 날,
그때가 올 때까지...

*, **메거진magazine 마리 끌레르Marie Claire, 2018년 8월 호 중에서

치유

누구도 알 수 없는 기쁨
무엇과도 바꾸고 싶지 않은 기쁨

영적 빈곤자에게 이 물을
정신적 부끄러움의 소유자에게도 이 물을
육체적 열등의식의 소유자에게도 이 물을

내가 가는 길의 높낮이와
이 길의 참모습을
아는 사람은
오직 나뿐이라는
그 사실을 아는
오, 기쁨! 어서 오라.

구원*

위로하네!
언약을 맺은 사이라 하네.

발로 차고 배신하고 떠났는데도..
등 보였는데도..
새로운 환상의 신神을 만나
따르는데도..
평안을 주네.
복을 주네.

계속,
더 많이,
위로해 주네!

…

구하여 건지겠다네~!
분쟁을 걸어오는 자들을
대신, 멸하겠다네.

…

사랑까지 한다네!

고쳐주겠다네.
낫게 하겠다네.

완전히 저주받았는데도,
남들이 '그러더니 잘 됐다.
후련하다, 통쾌하다.'하는데도...

또, 위로자를 보내네.

태에서부터 안았으니
노년까지,
백발이 되기까지
품겠다 하네.**

그렇게 위로하네!!

...

그에게 안, 돌아갈 수 없네.
그녀를 용서하지 않을, 수, 없네.

*구약성경, 이사야 48장~이후 장 참조
**이사야 46장에서

사실 2

찬물 샤워, 추운 팔다리
따사로운 햇볕
베란다 의자에 앉아
시인 박정대의 글들을 읽는다.

갈색 들고양이는
2층 계단을 느릿느릿 내려가고

빨간 꽃을 피운 제라늄은
몸집을 잔뜩 부풀린 채, 유혹하며
눈앞에 앉아 있다

가을이 왔고
더운 가슴은 식었고
지친 감성은 건강히 돌아와 있었다.

때가 된 것이다

자신에 대한 사랑과 만족 때문이 아니라
교양과 인품 생각해서가 아니라

진정으로 웃을 수 있다면...,
꺼내어도 마르지 않고
거짓이란 것이 없는.
...

슬픔과 고통으로 깎은 나무피리여,
이젠 기쁨의 노래를 부르라
슬픔과 기쁨은 함께 오는 것!
슬픔으로 빚은 잔이여,
이젠 즐거움의 포도주를 부으라*

...

바야흐로 때가 된 것이다.

*표시한 연은 모두 칼릴 지브란, 〈예언자〉 중에서 차용한 것임

저자후기

저자 후기

모욕당하여 억눌리는 이 땅의 여린 목숨들을 향하여

꼭 의도한것만은 아니었습니다.
모욕이니 상급이니 성화聖化니 하는 말들…

그러나 제 곁에서 저와는 또 다른 삶을 살아가는
착한 이들을 바라보는
저의 시선이
그런 말들을 피해갈 수 없게 만든 모양이었습니다.

시집 전반에 걸쳐 그런 말들이
그런 의미들이 농후합니다.

당신이 좀, 선하지 못했다면
용기를 가지십시요.

너무, 당신이 착해서 이젠, 지쳐버렸다면
용서하십시요.

전, 어쨌거나 당신의 편이니까요.

2019. 9.
감 성 시 인
이경란 드림

바끄네와 사우나

이경란 제 6 시집

인쇄 2019년 09월 2일
발행 2019년 09월 7일

지은이 이경란
발행인 서정환

펴낸곳 신아출판사
주소 전북 전주시 완산구 공북 1길 16(태평동 151-30)
전화 (063) 275-4000 · 0484 · 6374
팩스 (063) 274-3131
이메일 shina2347@naver.com sina321@hanmail.net
출판등록 제465-1984-000004호
인쇄 · 제본 신아출판사

ISBN 979-11-5605-660-7 03810

값 10,000원

이 도서의 국립중앙도서관 출판시도서목록(CIP)은 서지정보유통지원시스템 홈페이지(http://seoji.nl.go.kr)와 국가자료공동목록시스템(http://www.nl.go.kr/kolisnet)에서 이용하실 수 있습니다.(CIP제어번호: CIP2019034455)

Printed in KOREA